Klaus Eickhoff Eure Traurigkeit soll in Freude
verwandelt werden

Klaus Eickhoff

Eure Traurigkeit soll in Freude verwandelt werden

Reinhard Kawohl Wesel
Verlag für Jugend und Gemeinde

Bestell-Nr. RKW 163

2. Auflage
© 1979 by Reinhard Kawohl Wesel
Verlag für Jugend und Gemeinde
Alle Rechte vorbehalten
Foto: D. H. Teuffen
Umschlaggestaltung: RKW
ISBN 3 88087 163 9

An den Leser

Vielleicht leben Sie in Trauer.
Sie zermartern sich, sind verzweifelt, finden keinen Trost. Vielleicht sind Sie sehr krank.

Sie wollen es nicht wahr haben, aber Sie ahnen, daß Sie sterben müssen. Grauen erfüllt Ihre Gedanken. Sie haben eine nie gekannte Angst.

Vielleicht sind Sie gesund, aber haben es gewagt, Ihr Sterben zu bedenken. Nun möchten Sie die Gedanken am liebsten wieder loswerden, sie abschieben und verdrängen. Sie haben die Sorge, daß die Angst vor dem Sterben Ihnen die Freude am Leben verdirbt.

Zur Wirklichkeit des Lebens aber gehört nun einmal das Sterben. Stellen Sie sich mutig der ganzen Wirklichkeit!

Trauer und Angst allerdings sind wie zwei dunkle Gestalten, die bedrohlich am Wege stehen. Sie lassen sich nicht so ohne weiteres vertreiben. Wir wissen es alle.

Dennoch muß es nicht sein, daß wir ihnen schutzlos ausgeliefert sind. Es gibt „Waffen", mit denen sie in die Flucht zu schlagen und zu besiegen sind.

In einem alten Psalm steht der Satz: „Lehre uns bedenken, daß wir sterben müssen, auf daß wir klug werden."

Dazu möchten die Gedanken auf den folgenden Seiten eine Hilfe sein. Sie möchten helfen, Trauer und Angst zu besiegen.

Klaus Eickhoff

Uelzen, im November 1978

„Der Tod ist der Sünde Sold,
aber die Gabe Gottes ist das
ewige Leben in Jesus Christus,
unserem Herrn."

Im Jahre 1948 verstarb in München Karl Valentin. Er ist dadurch berühmt geworden, daß er die Menschen zum Lachen gebracht hat. Seine Freunde jedoch haben noch etwas anderes über den bekannten Komiker gewußt: Karl Valentin lebte zeit seines Lebens in einer schrecklichen Angst. Er fürchtete sich übermäßig vor dem Tod.

Damals wurden die Leichenwagen noch von Pferden gezogen. Die Kutscher wußten, daß der beliebte Spaßmacher sich stets davonstahl, wenn sie mit ihren schwarzen Fuhrwerken auf der Bildfläche erschienen. Es ist berichtet, daß solch ein Leichenkutscher einmal eine regelrechte Verfolgungsjagd auf Valentin veranstaltete. In welche Gasse der arme Mann auch lief, immer verfolgte ihn der Leichenwagen. Ein böser Spaß! Und gleichzeitig ein seltsames Bild: Ein Mensch auf der Flucht vor dem Tod.

Sind wir nicht auch vor dem Tod auf der Flucht? Haben wir nicht auch unsere heimlichen oder unheimlichen Ängste vor ihm?

Viele Menschen möchten dem Tod gerne davonlaufen. Aber irgendwann werden wir alle eingeholt.

In jedem Jahr werden wir einmal an das Sterben erinnert, am Totensonntag. In der Kirche sagt man: Ewigkeitssonntag. Der Totensonntag ist gekennzeichnet von Trauer und Angst. Trauer haben viele um den geliebten Menschen, der ihnen gestorben ist. Angst haben viele vor dem eigenen Sterben, Angst vor dem Tod.

Darf ich einmal sehr offen sagen, was ich unter christlichen Menschen immer und immer wieder erlebe? Es bekümmert mich schwer: Dort, wo in eine Familie Trauer einzieht, lassen sich die Menschen nur selten wirklich trösten durch das, was wir als Christen über den Tod zu sagen haben. Und

Menschen, die von der Angst vor dem eigenen Sterben angesprungen werden, wissen sich so wenig geborgen in Gott.

Ich will nicht ungerecht sein und weiß es genauso wie wir alle: Jedes Dunkel, das unser Auge nicht durchdringt, flößt uns Grauen ein. Es war als Kind schon so, daß wir uns vor der Finsternis fürchteten. Die Furcht vor dem Dunkel hört nie auf. Hier sind wir immer noch Kinder und werden es wohl auch bleiben. Wir sind beklommen, weil wir nicht wissen, was die Finsternis des Todes eigentlich birgt.

In das Unbekannte des Todes hineingezerrt zu werden, aller eigenen Mächtigkeit über dieses Geschehen beraubt, das ist Ursache genug, sich bis auf den Grund der Seele zu fürchten. Der Gedanke an den Tod birgt viele Ängste. Wir ahnen uns in ein Dunkel hinein, von dem wir nicht wissen, ob es da jemals ein Licht für uns geben wird.

Im Tod geht es ja so sehr um uns selbst, um unseren Leib, um unsere

Seele, um unseren Geist. Gibt es noch etwas, wovon man so total betroffen sein könnte wie vom Tod? Was geschieht mit uns, wenn wir plötzlich ausfallen? Wo fallen wir hin? Unsicherheit kriecht in uns hinein, wenn wir daran denken und danach fragen.

Es gibt soviele Fragen: Gibt es noch einen Grund unter den Füßen, wenn ich sterbe? Oder ist da nur noch ein endloser Sturz, das Bodenlose, das Nichts? Wie ist das Nichts? Ist es wie ein Schlaf oder wie ein böser Traum? Ist es immerwährende Geborgenheit oder ist es Angst ohne Ende? Und das Schlimmste ist vielleicht dieses: Wir spüren, daß wir so schrecklich allein sind im Tod. Der Tod ist Einsamkeit, tiefe letzte Einsamkeit, in die wir geworfen sind. Holt uns jemals etwas da heraus? Gibt es ein Wiedersehen? Gibt es ein Leben nach dem Tod? Fragen über Fragen. Unsicherheiten über Unsicherheiten, Ängste über Ängste! Ja, so ist es: Wir ahnen uns in ein Dunkel hinein, von dem wir nicht wissen, ob es da jemals ein Licht für uns geben wird.

Und nun ist das andere da. Es klingt uns wie ein Bericht aus einer fernen, fremden, unwirklichen Welt: Evangelium! Frohe Nachricht! Dem Tode sei die Macht genommen, wird gesagt. Wir kämen in gute Hände, blieben nicht allein, sähen ein Licht, würden leben ohne Leid und Tränen und Geschrei. Es warte Freude auf uns, heißt es, große, ewige, strahlende, unverbrüchliche Freude. Alle Dinge hätten ein herrliches Ziel. Die Leiden dieser Welt stünden in gar keinem Verhältnis zu der Herrlichkeit, die an den Kindern Gottes offenbart werden soll.

„Denn sie sollen getröstet werden", sagt Jesus. Weinen wandele sich in Lachen, wird uns gesagt; Leid in jubelnde Freude, Trauer in tiefen Trost. Frohe Botschaft will uns umarmen wie eine Mutter das verängstigte Kind. Worte glühender Liebe werden uns ins Ohr geraunt, geflüstert, gerufen.

Wir sollen es hören!
Wir müssen es hören!
„Fürchtet Euch nicht!"

Wie oft findet sich in der Bibel allein dieser Satz, immer wieder. Man hat den Eindruck, die ganze Bibel ist nur um dieses einen Satzes willen geschrieben worden: „Fürchtet Euch nicht!" Freut Euch doch! In Ihm *ist* Freude in allem Leide. Wir aber stehen da und fassen das nicht. Wir zucken die Achseln, sind hilflos.

Es tröstet uns nicht.

Wir fürchten uns weiterhin.

Was ist das?

Warum tröstet uns nicht der teure Trost?

Warum prallt die Freude des Evangeliums so an uns ab wie an einem Panzer? Warum dringt sie nicht in uns ein? Warum geht sie so selten unter die Haut? Warum? Warum? Warum?

Ich habe lange darüber nachgedacht. Sind wir nicht religiös genug? Ist es ein Defizit an Christlichkeit, das wir zu beklagen haben?

Ach, lieber Leser, wir sind doch alle *so* religiös. Wie oft habe ich das bei Trauerbesuchen gehört: „Er hatte auch seinen Glauben." „Wir haben auch unseren Glauben." Wir sind doch alle so schrecklich religiös. Wir sind auch alle so erschreckend christlich. Aber gerade *weil* wir das sind, *weil* wir es so erschreckend sind, geht uns die Botschaft des Christus nicht unter die Haut. Wissen Sie, was unser großes Problem ist? Wir sind nie wirklich Heiden gewesen, und darum tun wir uns so schwer, wirklich Christen zu sein.

Man spricht gelegentlich von der Heidenangst. Ich habe ängstliche Heiden erlebt, in Asien z.B. Ich habe ihre Ängste gesehen und durfte dann erleben, wie das ist, wenn solche Leute das Evangelium erfahren.

Wir aber sind nie wirklich Heiden gewesen. Wir waren immer schon christlich angehaucht, immer schon christlich lackiert. Taufe, Konfirmation, Trauung, alles ist christlich.

Christlich hier, christlich da, christlich oben, christlich unten. Aber *das Christliche hat uns immun gemacht gegen den Christus.*

Heiden reagieren ganz anders auf das Evangelium als wir. Da gibt es entweder sehr harte Ablehnung, oder aber die christliche Botschaft erschüttert den Heiden bis auf den Grund seines Lebens. Dazwischen gibt es nichts. Wenn der Heide aber durch die enge Pforte der Erschütterung hindurchgegangen ist, dann ist sein Fuß auf ein völlig neues Land gestellt. Er ist froh und frei, getröstet und geborgen. Der Heide ist Christ geworden, nicht christlich. Christlich wird man auch, ohne durch die enge Pforte der Selbstaufgabe gegangen zu sein. Man kann christlich sein, ohne Christ zu sein. Taufe, Konfirmation, Trauung — das alles hat uns christlich gemacht, aber nicht automatisch zu Christen! Das ist das Entsetzliche: Das Christliche hat uns immun gemacht gegen den Christus. Immun heißt: Unempfänglich! Und wenn wir unempfänglich sind gegen Christus in Person, dann sind wir es zutiefst auch gegen sein tröstendes Wort.

Warum tröstet uns nicht der teure Trost?

Warum prallt die Freude des Evangeliums so ab?

Warum dringt sie nicht in uns ein?

Es hat einmal jemand gesagt: Es ist bei uns wie mit den Farben. Was nicht wirklich grau ist, das ist gräulich, und was nicht wirklich Christ ist, das ist christlich. Unsere Christlichkeit hindert uns daran, Christen zu sein. Sie hindert uns daran, den Trost des Evangeliums ganz tief zu empfangen. Aber das müssen wir doch! Darum geht es doch!

Darum bleiben viele unter uns in ihrer Trauer ungetröstet, weil viele so schrecklich christlich sind: Getauft sind wir, konfirmiert und getraut. Aber Christus, der Lebendige und Auferstandene blieb unbekannt — draußen vor der Tür. Das Christliche hat den Christus verdrängt. Das Christliche hat den Christus ersetzt. Aber das Christliche ist eben nur Ersatz, Christus-Ersatz!

Das ist die Ursache unserer Lauheit: Christus-Ersatz. Das ist die Ursache unserer Angst: Christus-Ersatz.

Das ist die Ursache unserer Trostlosigkeit angesichts des Sterbens: Christus-Ersatz. Zum lebendigen Glauben bringt uns nur Christus und kein Christus-Ersatz.

Die Ewigkeit kommt mit großen Schritten auf uns zu. Ihr Trauernden, zum Trost der Ewigkeit bringt uns nur Christus. Zur *Freude in allem Leide* bringt uns nur Christus.

Sie wollen sich doch freuen am Evangelium — oder? Sie wollen doch geborgen sein in Ihrer Todesangst — oder?

Sie wollen doch getröstet sein in Ihrer tiefen, entsetzlichen Trauer. Sie wollen es doch! Aber Ihre Christlichkeit tröstet Sie nicht, im Gegenteil, sie läßt Sie erstarren, tot werden und kalt. Nur

Christus tröstet Sie, macht Sie lebendig, macht Sie froh und getrost, nur Er. Ihm, Ihm müssen wir uns stellen. Vor Ihm müssen wir uns beugen. Zu Ihm müssen wir uns kehren. Zu Ihm sollen wir ein ganz persönliches Verhältnis gewinnen, weil Er nun einmal keine Sache ist, sondern eine Person. Aller Trost des Evangeliums ist doch beschlossen in Ihm.

Paulus sagt es so: „In Ihm sind verborgen alle Schätze der Weisheit und der Erkenntnis" und — jetzt könnte man fortfahren — „in Ihm sind verborgen alle Schätze des Trostes, der Freude, des Friedens, der Gewißheit — in Ihm!" Wir wollen zwar alle christlich sein, aber Ihn, Jesus Christus wollen wir nicht. Warum?

Ich glaube, es liegt auf der Hand: Er ist die Gottes-Person. In Ihm wird das Evangelium persönlich, sehr persönlich. Für viele wird Er *zu* persönlich. Hier scheint unser Problem zu liegen. Zu einem unpersönlichen Christentum sagen wir ‚ja', zum persönlichen

Christus — ‚nein'! Dann aber können wir nie getröstet werden. Dann finden wir nie heraus aus Enge und Angst. Christus haben Sie entweder persönlich, oder Sie haben Ihn gar nicht.

Paulus sagt: „Gott hat Ihn für uns alle dahingegeben, wie sollte Er uns *mit Ihm* nicht alles schenken."

(Röm. 8,32b) Mit Ihm alles. Alles! Ohne Ihn aber nichts!

Es ist sogar die Frage, ob wir ohne Ihn wirklich trauern können.

Natürlich können wir ohne Ihn verzweifelt sein. Ohne Ihn — das ist doch Verzweiflung!

Natürlich können wir uns ohne Ihn grausam verlassen fühlen.

Ohne Ihn — das ist doch grausame Verlassenheit! Natürlich können wir ohne Ihn hoffnungslos dahinexistieren.

Ohne Ihn — das ist doch existieren in Hoffnungslosigkeit.

Aber Trauer, geht das ohne Ihn?

Was ist denn Trauer?

Trauer heißt: Meine Gedanken sind

noch immer bei dem anderen, dem lieben verstorbenen Menschen. Dieses ‚bei dem anderen' ist hier sehr wichtig.

Trauer heißt: Das Wohl und Wehe des anderen bewegen mich tief. Meine Trauer gründet darin, daß ich nicht weiß, ob ihm wohl oder wehe ist. So gesehen aber gibt es eine Trauer, die in Wirklichkeit gar keine ist.

Da habe ich ein Gespräch mit einer trauernden Frau. Ihr Mann ist gestorben. Wir sprechen etwa eine Stunde lang miteinander. Sie ist sehr tapfer, so daß sie sogar die ganze Stunde lang nicht einmal weint. Dann sagt diese Frau: „Jetzt habe ich keinen Menschen, der mich im Alter versorgt." Plötzlich fließen unaufhaltsam die Tränen. Als sie anfing, über sich selbst nachzudenken, kam die Erschütterung über sie. Ich habe mich gefragt: Sind das nun Tränen des Leides, oder ist das nicht vielmehr Selbstmitleid?

Darf ich die Frage stellen?

Ich muß sie stellen!

Aus welcher Quelle fließen Ihre Tränen? Aus der Quelle des Leides oder aus der Quelle des Selbstmitleides?

Vielleicht ist das hart, was ich jetzt sage. Ich weiß aber, daß es wahr ist, und daß diese Wahrheit hilft: Es gibt einen ichbezogenen Aspekt der Trauer, und es gibt einen dubezogenen Aspekt der Trauer. Ichbezogen, das heißt: Hier betraure ich nicht in erster Linie den Toten, sondern ich betraure mich selbst. Da frage ich nicht, was nun mit dem geliebten Menschen ist, da frage ich, was aus mir denn nun wird. Natürlich ist das nie ganz zu trennen, das Ichbezogene und das Dubezogene. Es mischt sich, es durchdringt sich. Ichbezogenheit und Dubezogenheit gehören hier zusammen, weil ‚Ich' und ‚Du' ja zusammengehörten. Es geht in diesen Belangen oft nur um einen ganz kleinen Akzent. Weil die Dinge so zart sind, so fein, so empfindsam, darum wiegen die kleinen Akzente aber so schwer, daß sie den Ausschlag dafür geben, wohin die Waage sich neigt. Liegt der Akzent auf dem ichbezogenen Aspekt, dann kreist die Klage eigentlich um mich! Ich beklage nicht den Tod des anderen, sondern *meinen* Verlust. Ich beklage nicht sein Sterben, sondern *mein* Leben, dem jetzt ein wertvoller Besitz genommen ist. Spüren wir hier den entscheidenden Akzent?

Totenklage, das ist doch zuerst die Klage, daß der Geliebte sein Leben verlor, und dann erst, daß ich ihn verloren habe. Geht es mir in meiner Trauer aber um mich selbst, um meinen Verlust, dann finde ich nie mehr wirklichen Trost. Dann kann mich doch nur eines trösten, nämlich, daß ich den geliebten Menschen wiederbekäme. Weil das aber nicht geht, kann ich nicht getröstet werden. Unsere Ichbezogenheit ist es, die uns in ewiger Trostlosigkeit sitzen läßt. Und diese Ichbezogenheit ist das, was die Bibel eigentlich Sünde nennt.

Sünde hat in der Bibel nicht den

falschen moralischen Klang, daß man dieses oder jenes nicht tun darf. Nein! Daß wir festgenagelt sind auf unser ‚Ich' bis in die Trauer hinein, das ist unsere Sünde. Das ist es, was uns den Tod einbringt, und angesichts des Todes verzweifelte Trostlosigkeit. Da hilft uns unsere Christlichkeit überhaupt nichts. In einer bloßen Christlichkeit bleibt mein ichbezogenes Wesen völlig unangetastet.

Bei Trauerbesuchen habe ich oft empfunden, was die Hinterbliebenen wirklich dachten, wenn ich mit ihnen redete: „Was habe ich schon von den frommen Worten des Evangeliums. Nichts, gar nichts! Sie geben mir den geliebten Menschen auch nicht wieder."

Sehen Sie, weil das vom Standpunkt der Ichbezogenheit her ganz und gar richtig ist, haben wir so gesehen von den Worten des Evangeliums tatsächlich *nichts. Trauer von Egoisten kann nicht getröstet werden!* Wenn ich mich selber betrauere, meine beklagenswerte Situation, bleibe ich unfähig zum Trost. Aber alles liegt doch daran, daß wir zum Trost des Evangeliums finden. Das beginnt damit, daß wir endlich umdenken, damit der Akzent sich verschiebt: von mir weg zu ihm, dem Verstorbenen hin.

Die Verschiebung dieses Akzentes äußert sich in einer veränderten Fragestellung. „Was ist denn jetzt mit *ihm?*" „Wo ist *er* denn jetzt im Tode?" „Wo ist er?" Das ist der erste Schritt.

Plötzlich kreisen meine Fragen nicht mehr um mich. Das ist schon viel. „Was ist mit ihm, dem lieben Verstorbenen?" Da öffne ich mich auf das Du hin; zunächst auf das vergangene, menschliche Du. Aber diese Frage wird ganz schnell zu einer Grundsatzfrage: „Was ist denn überhaupt einmal nach dem Tod?" Und diese Frage findet im Evangelium auf vielfältige Weise herrliche Antwort:

„Jesus Christus hat dem Tode die Macht genommen und das Leben und ein unvergängliches Wesen ans Licht gebracht durch das Evangelium." (2. Tim. 1, 10) oder:

„Nun aber *ist* Jesus Christus auferstanden und der Erste geworden unter denen, die da schlafen." (1. Kor. 15) oder:

„Jesus Christus spricht: „Ich bin die Auferstehung und das Leben. Wer an mich glaubt, der wird leben, auch wenn er stirbt." (Joh. 11)

Haben wir es herausgehört: Der Trost besteht nicht in irgendeiner Christlichkeit, sondern er besteht in der Person des Christus! „Der Tod ist der Sünde Sold, aber die Gabe Gottes ist das ewige Leben in Christus Jesus unserem Herrn." (Röm. 6, 23) Welch ein klares, nüchternes Wort. Wie klein wird hier der Tod. Und wie groß wird hier das Leben.

Was ist der Tod? „Der Tod ist der Sünde Sold." Also Ihr Sterbenden, nicht der Tod ist zu fürchten. *Er trennt uns nicht von Gott*. Die Sünde ist es, die wir fürchten müssen. *Sie* ist es, die vom Leben trennt. Unsere Sünde ist unsere Ichbezogenheit! Sie müssen wir fürchten wie die Pest. Wer das aber endlich sieht und einsieht, der läuft dann zu dem, der Sünden vergibt. Wohin sollte er sonst rennen? Der klammert sich an den Gekreuzigten, so daß sein Blut ihn reinmacht von aller Sünde. An wen sollte er sich sonst klammern? „Sollte Gott uns *mit Ihm* nicht alles schenken?" fragt Paulus. Mit Ihm alles!

Darum brauchen wir Ihn. „Die Gabe Gottes ist das ewige Leben in Jesus Christus unserem Herrn." Die Gabe des ewigen Lebens besteht also in Jesus Christus! Christlichkeit brauchen wir nicht. Wir brauchen Christus! Und dann werden Taufe und Konfirmation und christliche Trauung gefüllt mit der Wahrheit des Evangeliums. Sehen Sie, und dann können wir auch ja sagen zum Leid und überlassen uns nicht dem Selbstmitleid. Trauer wird zur Aufgabe. Durch das finstere Tal der Trauer müssen wir hindurch, wenn wir einen lieben Menschen verloren haben. Die Frage heißt nur: Wohin blicken wir dann, auf uns selbst?

Kennen wir noch den 23. Psalm? „Der Herr ist mein Hirte", wird da gesagt. Und dann heißt es: „Und wenn ich schon wanderte im finsteren Tal, so fürcht' ich kein Unglück, denn **Du** bist bei mir!" Der Beter blickt im finsteren Tal nicht auf sich und seine Angst, sondern auf das göttliche **Du,** auf den Herrn selbst!

Ihr Trauernden, Ihr müßt durch das finstere Tal der Trauer hindurch. Blickt nun nicht mehr auf Euch selbst. Dieser Blick zerstört. Blickt weg — zunächst auf den Menschen, den Ihr betrauert, auf das menschliche Du, das Ihr verloren habt. Von da aber laßt Euren Blick gleiten auf das göttliche Du, das man nie verliert, und in dem man nie verloren ist. Blickt auf das göttliche Du: „Der Herr ist **mein** Hirte!" Das ist der Blick des Heiles, weil Er der Heiland ist. Nur im Blick auf Ihn ist freies Atmen wieder möglich.

Vergeßt es nicht: **Mein** Hirte steht da, — höchstpersönlich ist das! Wer sich Ihm hingibt und in der Hingabe Ihn empfängt, der tritt auf den Boden des Evangeliums. Er atmet die Luft des Trostes! Sie muß tief in die „Lungen" unserer Seele. Es ist etwas Schönes, getroste und getröstete Menschen zu erleben. Das erlebt man nun aber auch. Das kann ich mit Freuden sagen. Von solchen Leuten geht Hoffnung aus, der Geruch, die Atmosphäre des Lebens. Ihr Wesen ist wie wärmendes Licht. Es sendet Sonnenstrahlen dahin, wo andere noch im Dunkeln sitzen und frieren. **Getröstete Menschen sind nämlich tröstende Menschen.** Sie geben Hoffnungslosen Hoffnung. Und denen, die schon aufgeben wollten, geben sie neuen Mut — Lebensmut. Den Verzweifelten, an ihren Tränen Erstickten, stoßen getröstete Menschen ein Fenster auf, so daß die Erstickten wieder atmen können.

Es ist etwas Schönes, getroste und

getröstete Menschen zu erleben. Solche Menschen, Ihr Trauernden, werdet Ihr in der persönlichen Hingabe an Christus. Er ist ja das Leben. Wer sich dem Leben hingibt, der wird leben — und es gehen Lebenswirkungen von ihm aus. Darum **laßt uns Christus persönlich nehmen.** Dann werden nicht nur wir selbst in der Trauer getröstet, dann können wir Trauernde trösten.

Darum laßt uns Christus persönlich nehmen; nur dann können wir Trauernde trösten und Ängstlichen Mut machen.

Wie kann man denn Christus persönlich nehmen? Es kommt einer Lebensentscheidung gleich und kann sich doch in einem schlichten Gebet ereignen:

„Herr Jesus Christus,
Du bist für mich am Kreuz gestorben, hast Dein Leben für mich dahingegeben.

Ich möchte Dich nun annehmen als meinen persönlichen Herrn und Heiland.

Ich gebe Dir mein Leben ganz in die Hände.

Habe Dank, daß ich Dir auf ewig gehöre.

Amen."

In solch einem schlichten Gebet will sich die Ewigkeit hineinsenken in unser Leben.

Es ist von entscheidender Bedeutung, daß wir darüber hinaus bewußt unter dem Wort Gottes leben. Wie Luther es sagt, sollen wir es „gerne hören und lernen". Dazu gehört, daß wir den Kontakt zu einer lebendigen christlichen Gemeinde ganz bewußt halten, und daß wir unser Leben in irgendeiner Weise in den Dienst der Gemeinde Jesu Christi stellen. So kommen wir zur Absage an ein unpersönliches Christentum. Dadurch, und nur dadurch, kommt Trost, Freude und Zuversicht in unser Leben, auch wenn die Trauergeister uns noch so bedrängen und die Todesangst uns noch so zu schaffen macht.

Es ist unverbrüchlich wahr: Die Gabe

Gottes ist das ewige Leben in Jesus Christus, unserem Herrn. Diese Gabe — Jesus Christus — laßt uns nehmen. Diese laßt uns weitergeben.

„Weicht, ihr Trauergeister,
denn mein Freudenmeister,
Jesus, tritt herein.
Denen, die Gott lieben,
muß auch ihr Betrüben,
lauter Freude sein.
Duld ich schon hier Spott und Hohn,
dennoch bleibst du auch im Leide,
Jesu, meine Freude."

Im gleichen Umfang erscheinen bei uns:

Otto Dietz
Es lohnt sich, alt zu werden
RKW 161 · 32 Seiten · Großdruck
DM 2,40

In diesem Büchlein gibt Kirchenrat Otto Dietz praktische Hilfen und Ratschläge für den Weg in und durch das Alter.
Es lohnt sich, alt zu werden, wenn wir es freudig bejahen, weise gestalten und gläubig vollenden.
Älteren Menschen tun wir mit diesem Büchlein einen wertvollen Dienst.

Marie Hüsing
Es lohnt sich, Christ zu sein
RKW 162 · 32 Seiten · Großdruck
DM 2,40

Die Autorin – durch verschiedene Bücher bekanntgeworden – schreibt in die-

sem geschmackvoll gestalteten Bändchen, warum es sich lohnt, Christ zu sein.
Ein kleines Geschenk, besonders für Ältere.

Oskar Loy
Du bist meine Hoffnung
RKW 164 · 32 Seiten · Großdruck
DM 2,40

28 Gebete legt Oskar Loy in diesem kleinen Büchlein vor. Die Gebete sollen in schweren Tagen eine Hilfe sein, um mit Gott zu reden und um Trost zu erfahren. Als kleines Geschenk bei Krankenbesuchen sehr zu empfehlen.

Wir produzieren Bücher, Schallplatten, Poster, Kalender usw.
Fordern sie bitte Prospekte an.